¡Respeta las reglas!

Gail Skroback Hennessey, M.S.T.

Asesoras

Shelley Scudder
Maestra de educación de estudiantes dotados
Broward County Schools

Caryn Williams, M.S.Ed.
Madison County Schools
Huntsville, AL

Créditos de publicación

Dona Herweck Rice, *Jefa de redacción*
Lee Aucoin, *Diseñadora de multimedia principal*
Torrey Maloof, *Editora*
Diana Kenney, M.A.Ed., NBCT, *Editora asociada de educación*
Marissa Rodriguez, *Diseñadora*
Stephanie Reid, *Editora de fotos*
Traducción de Santiago Ochoa
Rachelle Cracchiolo, M.S.Ed., *Editora comercial*

Créditos de imágenes: Tapa & págs. 1, 4, 6, 7, 8, 9, 14, 15, 16, 17 Alamy; pág. 19 The Granger Collection; págs. 10, 12, 24 iStockphoto; pág. 13 The Library of Congress [LC-USZ62-68476]; pág. 5 The Library of Congress; pág. 11 U.S. Capitol; pág. 21 Wendy Conklin; All other images from Shutterstock.

Teacher Created Materials
5301 Oceanus Drive
Huntington Beach, CA 92649-1030
http://www.tcmpub.com

ISBN 978-1-4938-0483-2

Índice

¿Qué es una regla?

Las **reglas** nos dicen lo que podemos o no podemos hacer. Las reglas deberían ser **iguales** para todas las personas.

Un niño lee las reglas en una piscina.

La Constitución

La Constitución es una lista de reglas para los Estados Unidos de América.

We the People of the United States, in Order to form a more perfect Union, establish Justice, insure domestic Tranquility, provide for the common defence, promote the general Welfare, and secure the Blessings of Liberty to ourselves and our Posterity, do ordain and establish this Constitution for the United States of America.

Article. I

la Constitución de Estados Unidos

Las reglas son importantes

Las reglas nos **protegen**. Nos mantienen seguros. Nos ayudan a trabajar juntos.

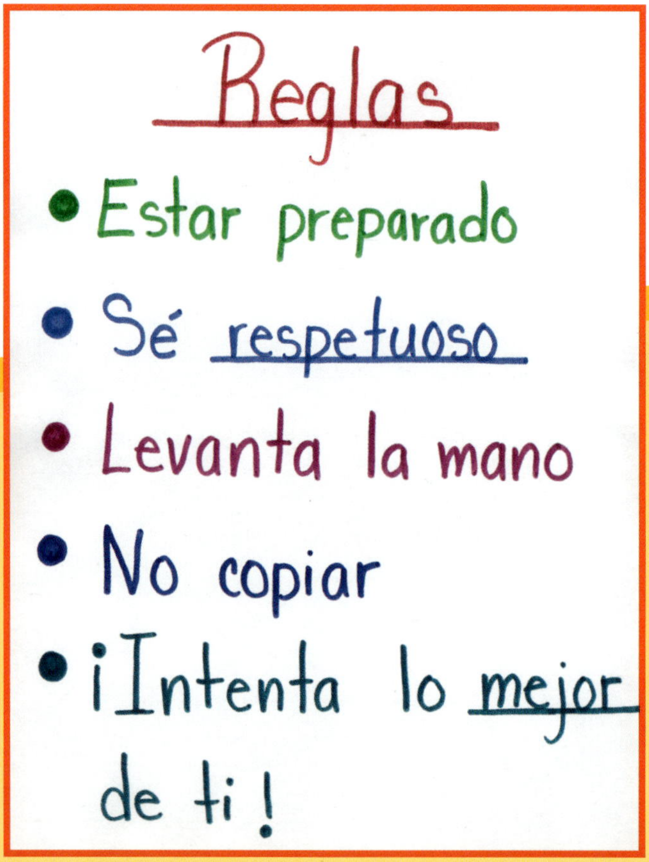

Estas reglas ayudan a que los niños trabajen juntos en la escuela.

El guardia de cruce ayuda a los niños
a cruzar la calle con seguridad.

Sin reglas, la gente podría tomar malas decisiones. Los autos podrían no parar cuando el semáforo está en rojo. La gente podría pelear.

Dibujar en una pared es una mala decisión.

Pelear también es una mala decisión.

¿Quién hace las reglas?

Los directores hacen las reglas para las escuelas. Los maestros hacen las reglas para los salones de clases. Los padres hacen las reglas para el hogar.

La maestra enseña las reglas a sus alumnos.

Reglas para nuestro país

Los líderes del **gobierno** hacen reglas para nuestro país. Estas reglas se llaman **leyes**.

Este es el Capitolio en Washington, D. C. Es el lugar donde los líderes del gobierno hacen las reglas para nuestro país.

Sigue las reglas

¿Quién se asegura de que sigamos las reglas? Los padres lo hacen. Los maestros lo hacen. La policía lo hace.

Esta oficial de policía se asegura de que la gente siga las reglas.

Estas maestras se aseguran de que sus estudiantes sigan las reglas en 1940.

Cuando no seguimos una regla, hay una **consecuencia**, o resultado. Aprendemos a seguir la regla la próxima vez.

Esta niña no siguió las reglas. Tiene que permanecer en el salón después de clases.

¡Bien hecho!

Cuando sigues las reglas en la escuela, tal vez obtengas recompensas.

¡Brooke se ganó tres estrellas!

Es de oro

La **regla de oro** es muy vieja. Dice que debes tratar a los demás así como quieres que te traten.

Esta niña ayuda a un amigo que está lastimado.

Este niño recoge mantas para dárselas a personas necesitadas.

Muestra respeto

Cuando sigues las reglas, muestras **respeto**. Muestras respeto por ti mismo. Muestras respeto por los demás.

Los niños pueden mostrar respeto esperando en fila.

Estudiantes esperando en fila en 1936.

¡Haz una lista!

Piensa en las reglas que tienes en casa. Habla sobre las reglas con tu familia. Haz una lista de reglas. Busca un lugar para colgar tu lista y ayudar a todos a recordar las reglas.

Esta familia escribe una lista de reglas.

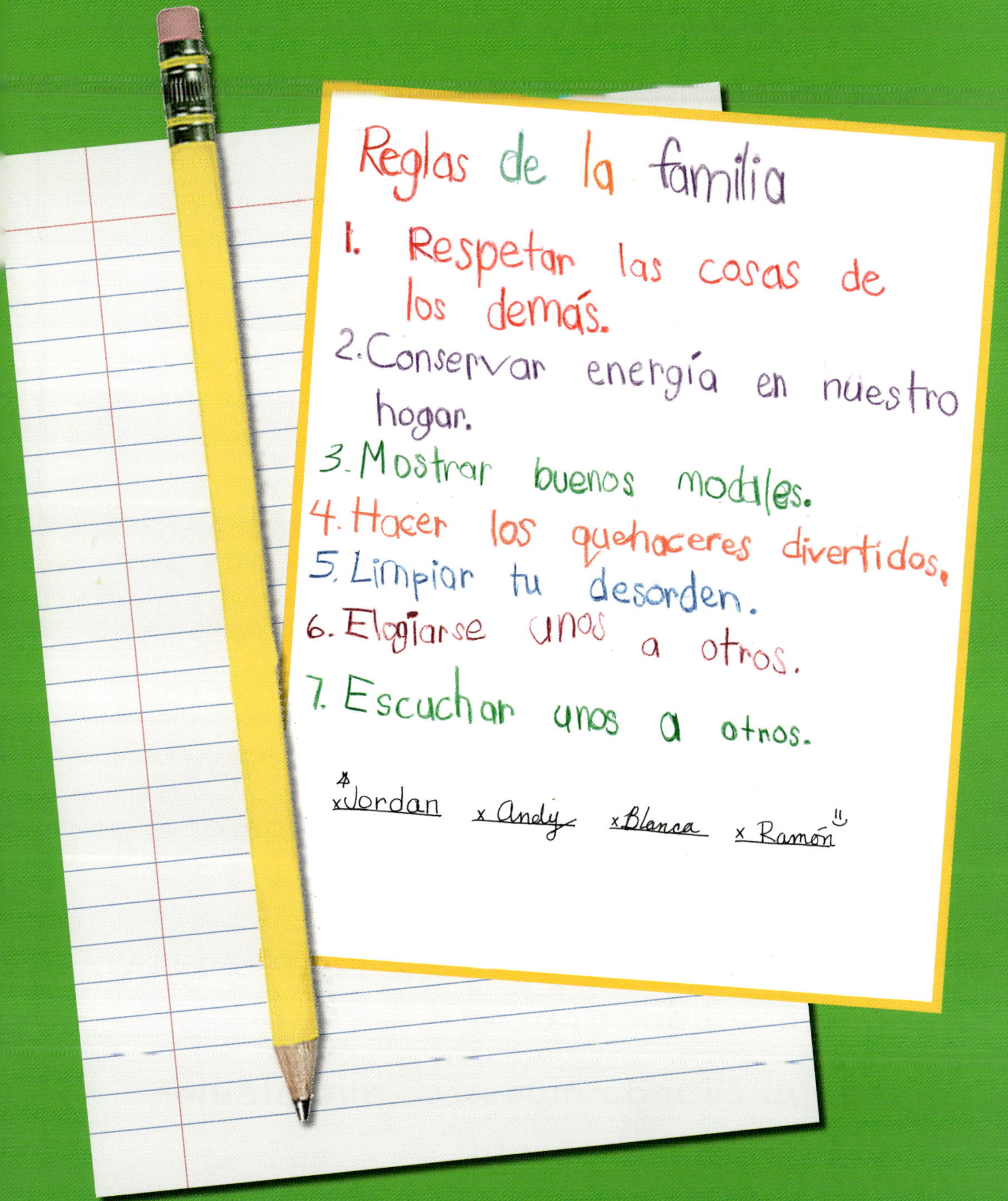

Reglas de la familia

1. Respetar las cosas de los demás.
2. Conservar energía en nuestro hogar.
3. Mostrar buenos modales.
4. Hacer los quehaceres divertidos.
5. Limpiar tu desorden.
6. Elogiarse unos a otros.
7. Escuchar unos a otros.

x Jordan x Andy x Blanca x Ramón

Esta es una lista de reglas de una familia.

Glosario

consecuencia: un resultado

gobierno: un grupo de personas que toman decisiones para un país

iguales: que son lo mismo

leyes: un conjunto de reglas hechas por un gobierno

protegen: mantienen fuera de peligro

regla de oro: una regla que dice que deberías tratar a los demás como quieres ser tratado

reglas: cosas que te dicen qué puedes y qué no puedes hacer

respeto: cuando muestras que alguien o algo es importante

Índice analítico

¡Tu turno!

¡Las reglas de mi clase!

Esta maestra habla con sus alumnos acerca de las reglas. ¿Qué reglas hay en tu clase? Habla con un amigo acerca de las reglas de tu clase. Escríbelas.